지렁이 책

글을 쓴 **앨런 앨버그**Allan Ahlberg는 1938년 영국에서 태어났다. 어렸을 때부터 작가가 되고 싶어 했지만, 우편배달부, 묘지 인부, 배관공 조수, 교사 등 여러 직업을 전전한 뒤에 비로소 꿈을 이루었다. 아내인 자넷 앨버그의 요청으로 쓴 그림책 글을 시작으로 수많은 글을 써서 루이스 캐럴, A. A. 밀른의 뒤를 잇는 작가로 평가받고 있다. 아내와 함께 만든 『우체부 아저씨와 배달 편지』 『복숭아, 배, 자두』 등의 책으로 케이트 그린어웨이 상, 커트 매쉴러 상 등을 받았다.

그림을 그린 **자넷 앨버그**Janet Ahlberg는 1944년 영국에서 태어났다. 교사 훈련을 받던 중 앨런 앨버그를 만나 1969년 결혼했다. 교사가 되기는 했지만 '경찰처럼 아이들 단속하는 일'은 할 수가 없다며 그만두고 그래픽 디자인을 공부했고, 일러스트레이터가 되었다. 어릴 때 즐겨 보던 만화풍 그림으로 남편과 함께 『베이비 카탈로그』 등 수많은 히트작을 탄생시켰지만, 1994년 50세라는 젊은 나이에 세상을 떠났다.

글을 옮긴 **김서정**은 중앙대학교 문예창작과를 졸업하고 같은 학교에서 박사 학위를 받았으며 독일 뮌헨대학에서 공부했다. 동화 작가, 평론가, 번역가로 활발히 활동하고 있다. 오늘의 젊은 예술가 상을 받았고, 중앙대학교 겸임교수로 있으면서 아동문학을 가르치고 있다. 작품으로는 동화 『두로크 강을 건 서』 『용감한 꼬마 생쥐』, 평론서 『동화가 재미있는 이유』 등이 있고, 『보물찾는 아이들』 『공룡이 없다고?』 등 많은 책을 우리말로 옮겼다.

 지렁이 책

기획위원: 김주연/김서정/장경렬/최윤정

지은이 앨런 앨버그 | 그린이 자넷 앨버그 | 옮긴이 김서정 | 펴낸이 이광호 | 펴낸곳 문학과지성사 | 초판 1쇄 발행 2006년 4월 24일
10쇄 발행 2022년 10월 17일 | 등록번호 제1993-000098호 | 주소 서울 마포구 잔다리로 7길 18(서교동 377-20) 문지빌딩(121-894)
전화 02)338-7224 | 팩스 02)323-4180(편집), 02)338-7221(영업) | 전자메일 moonji@moonji.com | 홈페이지 www.moonji.com

THE WORM BOOK
by Janet and Allan Ahlberg
Copyright ⓒ 1979 by Janet and Allan Ahlberg
Korean Translation Copyright ⓒ 2006 by Moonji Publishing Co., Ltd.
All Rights Reserved.
This Korean edition was published by arrangement with Penguin Book Ltd through Eric Yang Agency, Seoul.

이 책의 한국어판 저작권은 에릭양 에이전시를 통해 Penguin Book Ltd와 독점 계약한 (주)문학과지성사에 있습니다.
저작권법에 의해 보호 받는 저작물이므로 무단 전재 및 복제를 금합니다.

ISBN 89-320-1692-5

편집 문지현 | 디자인 정은경

*KC마크는 이 제품이 공통안전기준에 적합하였음을 의미합니다.

지렁이 책

앨런 앨버그 지음 | 자넷 앨버그 그림 | 김서정 옮김

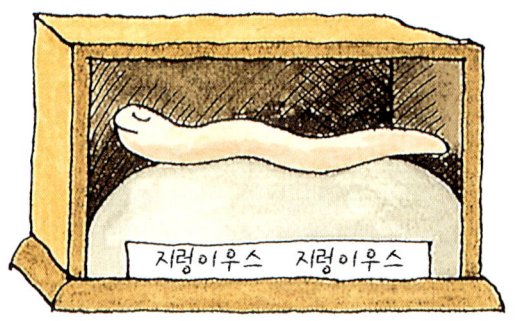

문학과지성사
2006

세상 모든 책지렁이(책벌레)에게

보통 지렁이

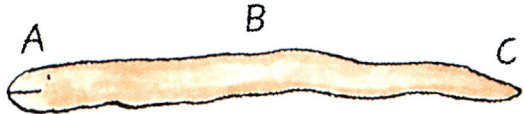

착한 지렁이는 모두 머리, 몸통, 꼬리로 되어 있습니다.

머리가 둘, 몸통이 하나, 꼬리가 없는 지렁이는 자칫하면 다칩니다.

꼬리가 둘, 몸통이 하나, 머리가 없는 지렁이는 지루합니다.

귀머거리 지렁이는 그리 흔하지 않습니다.

똥보 지렁이 역시 그리 흔하지 않아요.

수줍은 지렁이는 거의 눈에 띄지 않는답니다.

위기에 처한 지렁이 14호

지렁이들은 보통 걱정 없이 태평하게 사는 것처럼 보이죠?
하지만 지렁이로 사는 일도 만만치 않답니다.
축구의 인기가 날로 높아 가는 것도 지렁이에게는 심각한
골칫거리예요.

완두콩 놀리는 지렁이

보통 지렁이의 지능은 별로 높지 않습니다.
하지만 지렁이도 간단한 재주 부리기는 배울 수 있어요.
칭찬만 적당히 해 준다면 물건 가져오는 일도 할 수 있고요.

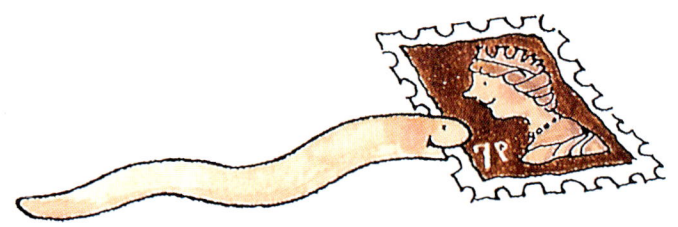

주인에게 우표를 물어다 주는 어린 지렁이

애완 지렁이

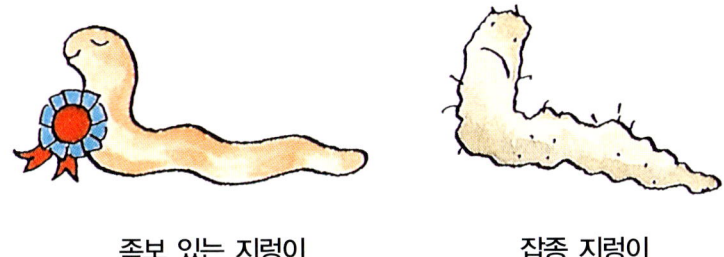

족보 있는 지렁이   잡종 지렁이

지렁이는 훌륭한 애완동물이 될 수 있습니다.
지렁이는 달팽이보다 귀족적이고, 민달팽이보다 재미있고,
휙 날아가 버리는 무당벌레보다는 믿을 만합니다.

애완 지렁이 살 때 주의할 점

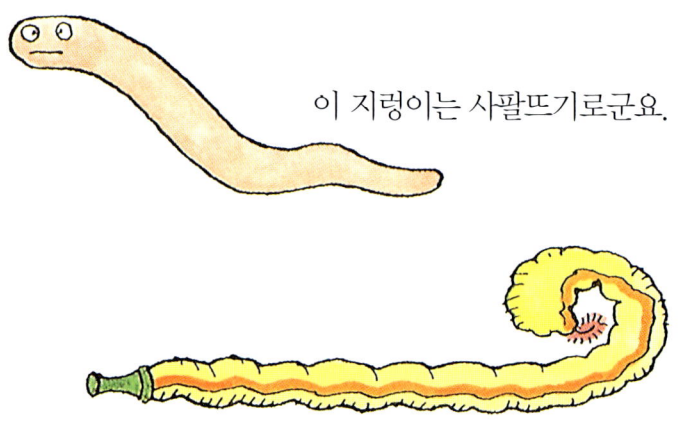

이 지렁이는 사팔뜨기로군요.

이건 지렁이가 아니에요. 뭔가 다른 거라구요.

이건 부풀어오르는 지렁이인 모양이네요.

이 지렁이는 모자를 썼어요!

어린 지렁이 사냥꾼에게 권하는 적절한 변장

지렁이를 직접 잡을 때는, 어떻게 하면 놀라지 않게 하느냐가 가장 중요합니다. 여러분이 가까이 다가가는 걸 눈치 채지 못하게 하세요.

부적절한 변장

속 빈 사과 함정

지렁이 진공청소기 함정

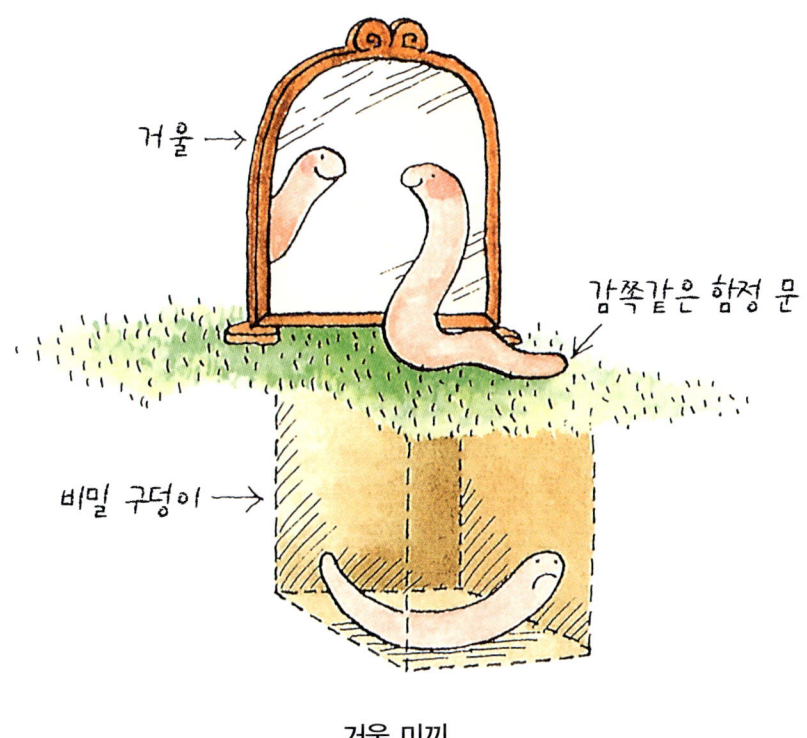

거울 미끼

숨어 있다가 지렁이를 잡을 수도 있습니다. 함정을 파서 잡는 것도 재미가 쏠쏠하고요. 그물은 권하고 싶지 않군요. 올가미 밧줄은 꼭 필요한 때만 조심해서 쓰세요.

이렇게 쓰면 안 된다구요!

애완 지렁이는 특히 잘 보살펴야 합니다. 맛있는 먹이, 편안한 잠자리, 적당한 운동을 잊지 마세요.

장갑을 재활용하면 포근한 집이 됩니다.

청소년 지렁이를 위한 운동

지렁이도 잘만 보살펴 주면 평균 수명 이상 살 수 있어요.

아픈 지렁이들을 위한 쓸 만한 침대

끝으로, 지렁이들에게 주로 나타나는 건강상의 문제점들을 보여 드리겠습니다. 어떻게 다루어야 하는지도 조금 알려 드리고요.

심각한 매듭 증상

제 꼬리 깨물기를 방지하기 위한 지렁이용 목깃 '지렁이지킴이'

부스럼

벼락을 맞거나 감전된 지렁이

치료해야 할 어린 지렁이 들어올리는 법

지나친 일광욕

이런 지렁이 저런 지렁이

지렁이야 세상 어디 가나 다 똑같지 않겠냐고 말하는 분들이 많습니다. 하지만 아닙니다. 그건 모르시는 말씀입니다.

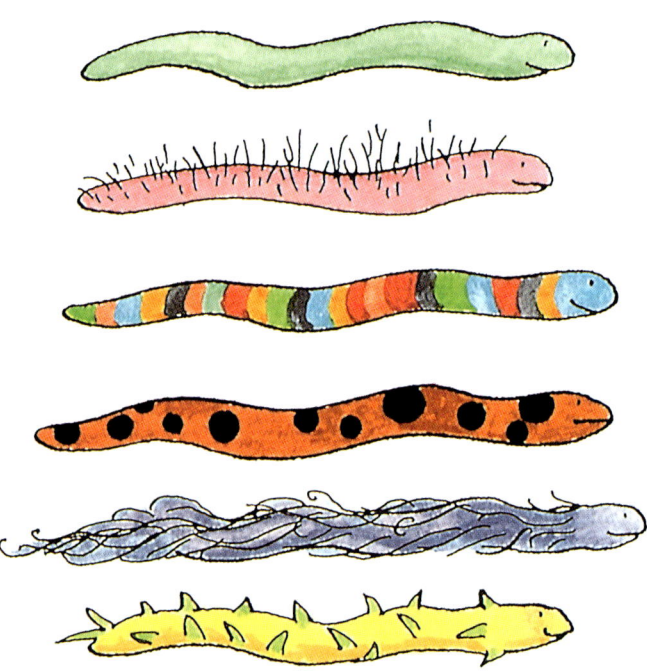

시리아 공룡 지렁이

보르네오 강아지 지렁이

팜파스의 사나운 야생 지렁이

지렁이 분수

지렁이를 신성한 동물로 모시는 나라도 있습니다.
그런 나라에서는 지렁이를 기리는 조각이나 분수를 만듭니다.

또 다른 나라에서는 지렁이를 소시지 취급합니다.
달걀을 곁들인 지렁이 요리가 있는가 하면, 지렁이버거도
자주 먹는 간식이랍니다.

지렁이에 대한 짤막한 역사 강의

지렁이는 태초에 시간이 시작될 때부터 이 땅 위에서,
아니지, 땅 속에서 살았습니다. 공룡들이 시끄럽게
쿵쾅거리고 다니면서 서로 치고받고 할 때,
지렁이는 멀찌감치 떨어져서 평화롭게 지냈습니다.

이집트 지렁이 즉, 모래 지렁이는 피라미드가 세워지는 것을 지켜보았습니다.

중국 지렁이는 만리장성을 쌓을 때 시작부터 끝까지 감독을 했습니다.

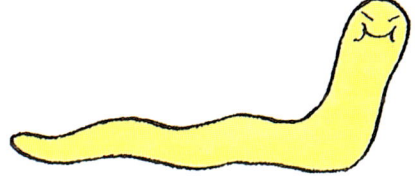

로마 지렁이는 로마 제국의 첫 벽돌이 놓일 때부터, 그러니까 처음 생길 때부터 있었습니다.

지렁이는 헤이스팅스 전투, 아쟁쿠르 전투, 보로디노 전투*, 남북 전쟁 때도 있었습니다.

헤이스팅스 전투

아쟁쿠르 전투

* 각 전투에 대한 설명은 맨 뒤(35쪽)에 있습니다.

보로디노 전투

남북 전쟁

인간이 힘겨운 탐험 끝에 새 땅을 발견했을 때,
지렁이는 거기서 그 인간을 기다리고 있었습니다.
아메리카 인디언 지렁이들은 콜럼버스가 도착하는 걸
보았습니다. 아프리카 지렁이들은 리빙스턴이
그 유명한 빅토리아 폭포 여행을 마쳤을 때에도
그 장면을 보고 있었지요.

독특한 지렁이들

1. 산악 구조 지렁이

산악 지방에 사는 지렁이들은 가끔 덤벙대는 등산 지렁이를 구하러 출동해야 합니다.

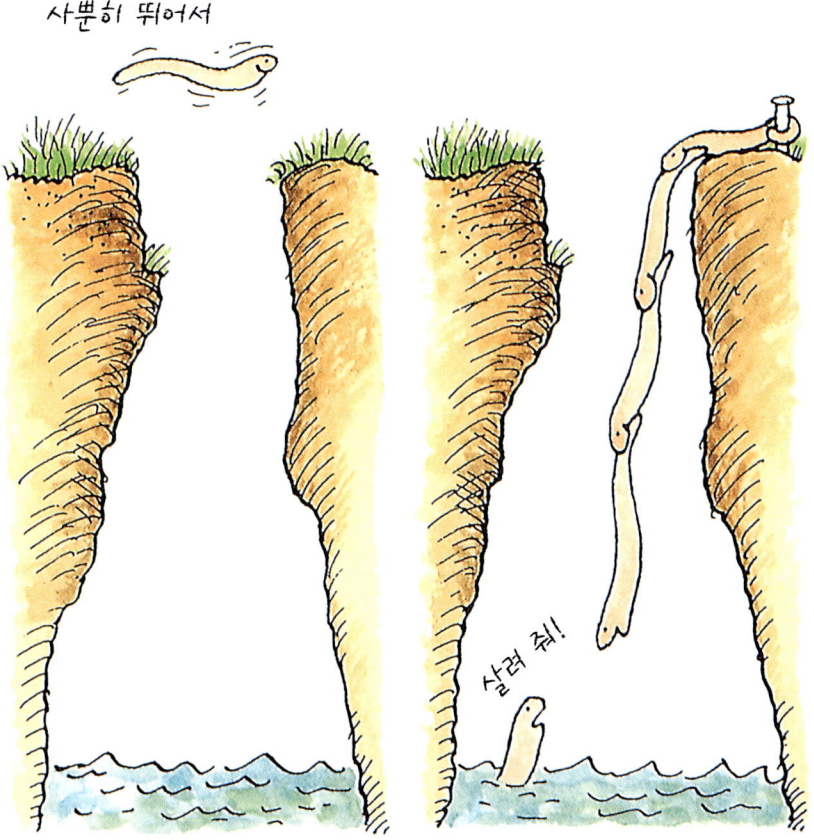

구조에 나선 지렁이들

2. 지지리 지렁이 서커스

이건 세상에 하나밖에 없는 지렁이 서커스단입니다.
온 세계를 돌면서 공연을 한답니다.

3. 그 외 희한한 지렁이들

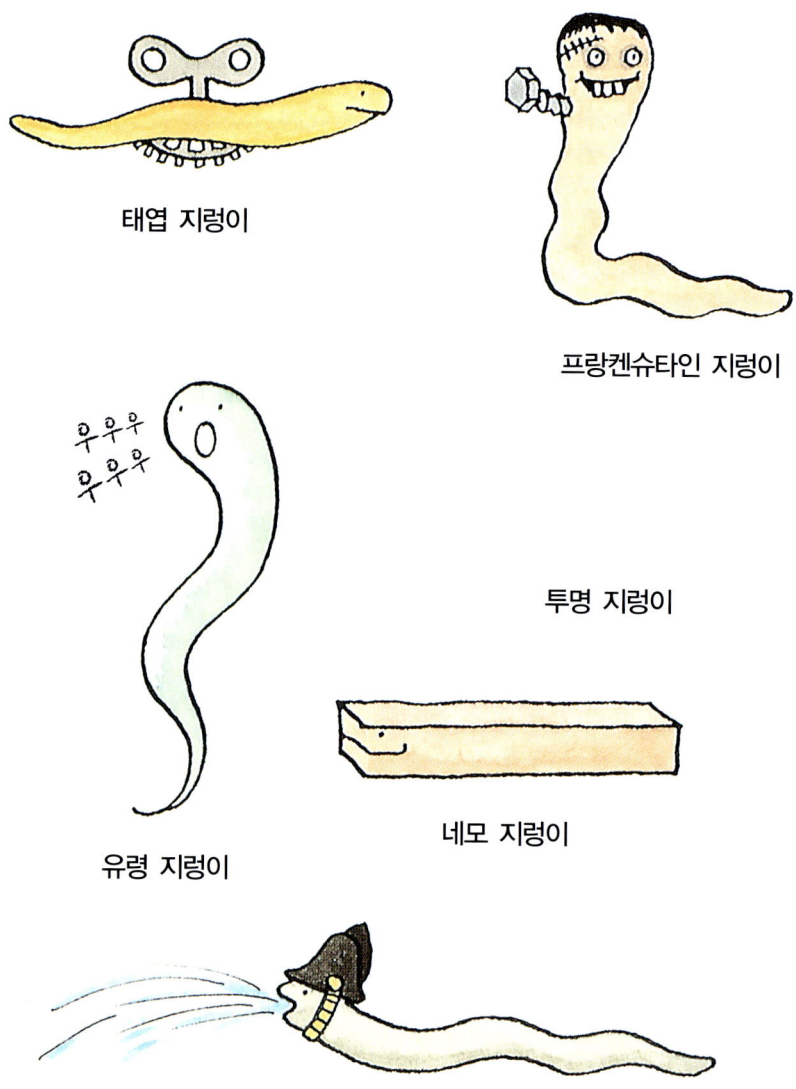

4. 전쟁터의 지렁이

제2차 세계 대전 말, 특별히 훈련 받은 지렁이 팀이 적진 후방 깊숙이 침투해서 비밀 메시지를 전달했습니다.

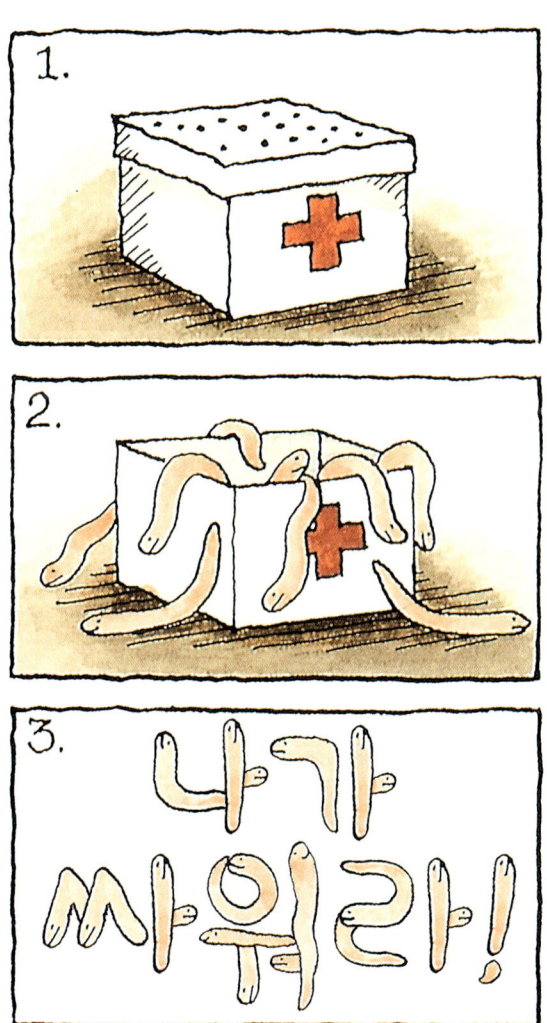

미래의 지렁이들

지렁이의 미래는, 그저 짐작만 해 볼 수 있습니다. 하지만 특별히 머리 좋고 기술 좋은 지렁이들이 벌써 나타나고 있습니다.

지나가는 새를 골려 주려고 변장한 지렁이

지렁이 지능 실험

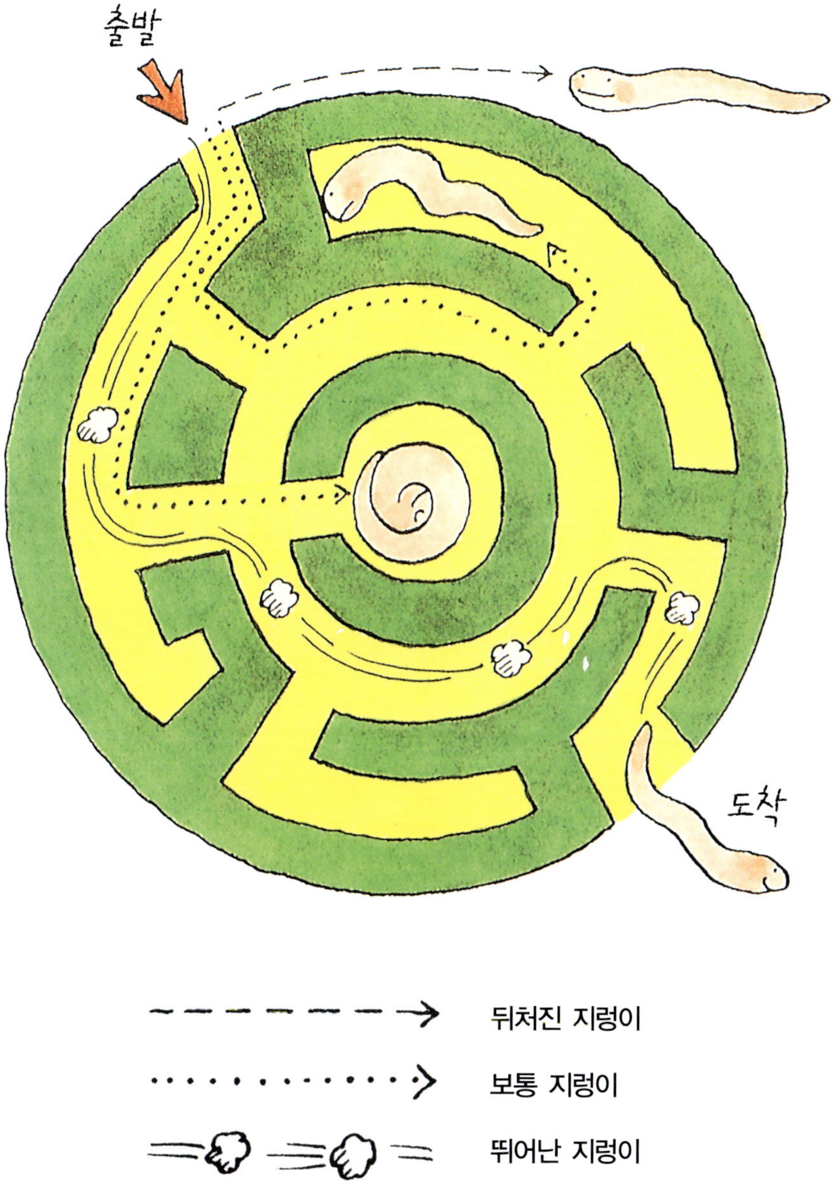

- - - → 뒤처진 지렁이
· · · · ·▹ 보통 지렁이
 뛰어난 지렁이

지렁이는 우리가 이 땅에 살기 전부터 있어 왔습니다.
아마 우리가 사라진 후에도 여전히 여기 있을 거예요.
지렁이는 땅의 제왕이랍니다.

끝

헤이스팅스(Hastings) 전투: 1066년 노르만족이 영국을 정복한 전쟁. 영국의 해럴드 2세가 전사하고, 여기서 승리한 노르망디의 윌리엄 공작이 왕이 된다. 그는 나중에 정복자 윌리엄으로 불린다.

아쟁쿠르(Agincourt) 전투: 1415년 프랑스 북부 아쟁쿠르에서 영국 군이 프랑스 군을 크게 물리친 전투. 당시 프랑스 군의 수는 영국 군보다 네 배나 많았다. 그러나 무거운 갑옷을 입고 새로 갈아 놓은 밭으로 들어가 처덕거리는 흙 속에서 허우적거리다, 쏟아지는 화살에 왕자와 귀족을 포함한 기사가 5천 명이 넘게 전사했다. 영국 군 손실은 고작 백여 명.

보로디노(Borodino) 전투: 1812년 나폴레옹이 러시아로 쳐들어갔을 때 벌어졌던 치열한 전투. 모스크바 강 근처에서 나폴레옹 군 13만 명과 러시아 군 12만 명이 맞부딪쳤다. 나폴레옹이 이겨서 모스크바를 점령했다.

옮긴이의 말

나는 어렸을 때 지렁이를 못살게 군 적이 꽤 있습니다. 비가 오고 난 후면 어디서인지 모르게 나타나 집 마당에서 꿈틀대던 지렁이들. 그 위에 소금을 뿌렸던 겁니다. 난데없는 소금 세례를 받고 맹렬하게 몸을 뒤틀며 괴로워하던 지렁이를 나는 공포와 죄책감과 재미가 뒤섞인 감정으로 숨죽여 지켜보곤 했습니다. 아침에 마당 수돗가에서 이를 닦던 중 발견한 지렁이에게 치약 거품을 한번 뱉어 보고, 그게 소금과 똑같은 효력을 발휘한다는 사실을 알고는 신기해했던 적도 있습니다. 앗! 이 글을 읽는 어린이들, 행여라도 그런 못된 짓은 따라 하지 마세요!

그런 짓을 하다니, 나는 정말 못된 아이였습니다. 그 어린 나이에도 다른 생물체를 괴롭히는 일에 은근히 쾌감을 느꼈던 나 자신을 돌아보면서 나는 인간에게는 천성적으로 죄성이 있다, 어린아이라고 해서 천사처럼 순결하거나 착하기만 한 것은 아니다, 하는 생각을 굳히게 되었습니다. 그렇다고 너무 비관할 필요는 없지요. 나는 또 한편으로는 끊임없는 노력과 자극을 통해 그런 죄성을 극복하고 숭고한 인간성을 발휘할 수 있는 능력이 우리에게는 있다는 믿음도 가지고 있습니다.

지렁이에 대한 기발하고도 유쾌한 그림책 후기에 웬 생뚱맞은 인간의

죄성 이야기인가 싶겠지만, 이 책은 나에게 그런 생각을 불러일으켰습니다. 우리가 다른 생명을 존중하는 자비로운 인간이 되기 위해서는, 정색을 한 채 생명은 소중한 것이니 귀히 여겨야 한다는 훈계를 펼치는 일도 좋지만 이런 창의력 넘치는 책으로 지렁이에 대한 새로운 시각을 얻는 일, 지렁이에게 더 친밀한 감정을 느끼는 일도 중요하지 않을까요? 그림책계의 유명한 부부 작가인 앨런 앨버그와 자넷 앨버그가 만든 이 재미있는 지렁이 책은 그런 자극을 충분히 줄 수 있을 것 같습니다. 내가 어렸을 때 이 책을 봤더라면 지렁이를 그렇게 괜히 못살게 구는(차마 '죽이는'이라고 쓸 수가 없네요) 일은 하지 않았을까요? 잘 모르겠습니다. 하지만 확실한 건, 그 때 그 지렁이들에게 정말 미안하다는 것, 다시는 안 그러겠다는 것입니다. 그 지렁이들에게 이 책을 (지은이는 아니지만, 옮긴이로서) 바치고 싶습니다.

2006년 4월

김서정